AF322710

Madres Solteras

Poemas e historias sobre el estigma de criar sin pareja

COTOY
FONDO EDITORIAL

"Una mujer libre es justo

lo contrario de una mujer fácil."

— Simone de Beauvoir

Lo más fácil de tener un hijo es parirlo. Criarlo es donde la cosa se pone buena. Desde antes de parir los míos, le tengo un inmenso respeto hacia las mujeres que se han dedicado a la ardua tarea de criar. En especial les hago reverencia a esas super mujeres que de repente se toparon de frente con la hermosa realidad de ser Madres Solteras. Una tarea ardua y con frecuencia romantizada.

Mujeres, quienes se han dedicado a darles y enseñarles a sus hijos lo mejor de cada una de ellas; aun cuando la gran mayoría no tuvo elección, fallando a cada rato pues last time I checked, los muchachos no vienen con un manual de instrucciones debajo del brazo.

Mujeres vistas de reojo por una sociedad que las considera "menos" por el simple hecho de estar criando solas. Unas se alejaron de sus parejas por maltrato, en un intento de preservarse ellas mismas; mientras a otras no se les dio la opción y solo les quedó criar.

Este libro nace en forma de protesta al estigma que arropa a una mujer cuando pasa a ser una familia "no tradicional", como si los hijos fueran a salir "perfectos" por ser criados en pareja. Este libro no busca indicar que el trabajo de ser madre disminuye por tener pareja, simplemente busca enaltecer la ardua labor de ser mamá.

Esa que se agudiza cuando te toca enfrentarla sola y así mismo enfrentar a una sociedad la cual te juzga y señala, te tilda de débil y de fracaso por el hecho de ser Madre Soltera.

A las que, como yo, se han dedicado a sus hijos, poniendo sus sueños al lado para así poder enfocarse en el futuro de los pequeños que tienen en frente.

A ustedes mis respetos y estas letras.

"Ay si fuera hijo mío…"

frase común que se les escucha a todos decir…

Interrogante

Será que nadie pregunta,
ruega, demanda o pide,
interroga y curiosea,
exige, grita o chismosea
a ver si en algún lugar del mundo
un samaritano se aflige
nos mira y nos coje pena
sacándonos de esta condena
de no saber ciertamente
¿cómo es que una mujer
                    termina siendo madre soltera?

Mil preguntas

y

nadie a quien preguntar

¿Cómo se mantiene en pie
esa divina mujer,
quien día tras día se levanta
con el corazón estrujado
con una mano seca sus lágrimas
mientras endereza el paso
como si nada ha pasado?

¿De dónde sacará las fuerzas
para levantarse a diario
antes de que cante el gallo
y así hacernos creer
      que todo marchara bien
y que al final no pasa nada
pues de qué sirve hacer drama
cuando todos
con fervor esperan
      a que dejes de llorar tus penas
y termines ya la cena?
Esperan que seas fuerte,

                    "eso no es nada"te mienten,
              "a mí me han pasado peor"
escuchas constantemente
recitar a todos a tu alrededor.

Demandamos un curso,
charla o taller
que nos enseñe"cómo es"
que esa mujer
le pone"concealer"
              a tres libras de ojeras
que dejan lavar las penas,
              con jipíos y disimulo,
en noches de luna llena.

Exigimos que nos explique
              cómo es que ella pelea
aquellas batallas nocturnas
que llegan sin preaviso
y nos arropan sin permiso
llevándonos en un nanosegundo
              a un lado más oscuro
justo cuando estamos a solas.

Exigimos saber
cómo no se seca de pena
              mantiene ese ánimo infalible
que la adorna cada mañana,

cómo hace pá seguir
  con esas ganas de vivir
ese gusto y sazón
que dentro de sí ella lleva.

Que alguien nos diga
como ríe, baila y se divierte
para que nadie se dé cuenta,
del peso que ella siente;
  más cuando las cortinas se cierran
y ya la banda cantó el último son,
se va solita a casa
  a llorar otro pocón.

"Nada anda mal"
  es mejor mentir
frente a la alternativa de
"¿qué ira la gente a decir?
pues a decir la verdad
aun cuando muchos preguntan
con toda sinceridad
nadie quiere verdaderamente saber
  cuando andas hecha mierda.

*Todos saben exactamente qué hacer para solucionarte la vida,
aun cuando la de ellos esté de abajo pá rriba.*

Deberían explicarme

¿Cómo
se
supone
que
una
navegue
el
turbulento
abismo
de
ser
madre,
cuando
te
han
partido
el
corazón
en dos?

MaMi

Yo también me enamoré. Como todas, sin pensar que esa relación hermosa pudiese algún día terminar.

Yo también me enamoré. Como todas me entregué y a decir verdad no calcule como repararía los daños, como empataría mis pedazos y curaría mis penas.

Yo también me enamoré. Como todas me dejé partir en pedacitos, los cuales luego no supe quien recogería.You see, te enamoras sin pensar que esa relación puede algún día terminar.

Yo también me enamoré.Y luego salí a recoger los pedazos que quedaron, los recogí despacito, no se me volvieran a caer. Para así luego pegarlos con oro diluido in hopes de verlos algún día florecer.

Algo verdaderamente hermoso
de criar es la habilidad innata
que todos poseen
de saber criar a tu hijo
mejor que tú.

Criar sola

Qué hermoso es criar sola.
	Asumir,
sin haberlo previamente solicitado
mucho menos planeado,
la única y absoluta responsabilidad
de una o varias criaturas a criar.

Qué bonito es criar sola.
	Aprender a curar fiebres,
de esas que aparecen
como por arte de magia,
justo a las cuatro de la mañana,
cuando todo el mundo duerme.

Qué hermoso es criar sola.
	Desarrollar el arte de recoger vómitos volátiles
los cuales llegan de repente a acordarte,
que en este negocio llamado maternidad,
por más que quieras
no tienes el control de absolutamente nada.

Qué bonito es criar sola.
	Vivir todo el tiempo
con el corazón acelerado
lista para salir en cualquier momento,

como ajón que se la lleva el diablo,
a buscar al bendito muchacho
para así llevarlo al médico
pues resulta que se dio un matazo
y hay que hacerle una evaluación,
no vaya a estar destutanado
y luego figures tú en los diarios
con el encabezado
   "He aquí a la peor mamá".

Ella se acomoda el pelo,
haciéndole reverencia al sol
con una sonrisa en sus labios,
trapea, cocina y friega
sin dejar un segundo de menear el caldero,
pues antes de irse al trabajo,
debe dejar todo listo antes
para no dejar hambrientos
a par de chiquitines
quienes desde hace poco tiempo
le balbucean "mamá".

¿Y ahora qué?

No hay una vaina más maldita que el miedo a volverse enamorar.

Una vez te dejas romper,
pocas cosas son tan difíciles de hacer
como volver a entregarte a otro ser.

La primera vez te entregaste en cuerpo, corazón y alma.
No dejaste una migaja de amor reservada
para cuando a ti misma te hiciera falta.

Lo diste todo.
Creaste en tu cabecita sueños, planes y anhelos. Armaste un mundo
paralelo donde solo existieran dos.

Te entregaste
sin calcular nunca
que todo en esta vida
viene con fecha de prescripción.

Ese amor se acabó;
vino y te enseñó aquello que debías aprender;
recogió sus motetes y se fue.

Si aprendiste o no son asuntos tuyos, pues a ese amor simplemente se le
agotó su tiempo. Ahora quedas tú, la criatura que nació y un vasto mar
de sentimientos, para que tú solita los aprendas a navegar.

¿Y ahora qué?

¿Cómo se supone que puedas confiar de nuevo?
¿De dónde saca uno las fuerzas
para volverse a enamorar?

No

No
es
que
con
la
edad
una
se
ponga
más
necia,
una
simplemente
no
quiere
otra
vez
terminar
echa
mierda,
pues
ahora
resulta
que
encima
de
todo
hay
un
muchacho
que
criar.

Criar sola es algo con lo que te topas de frente, así como cuando entras a un vagón del tren y te saluda un delicioso olor a peste a las 7 de la mañana y sin haber aún consumido café. Así.

Nos hemos acostumbrado a victimizar el tener que ser mamá soltera, como si fuese pecado serlo. Como si estuvieses en un juego imaginario llamado Vida y al llegar a una intersección eliges (cuando te dan el chance de elegir) lo contrario a la mayoría y terminas perdiendo puntos, pues no es lo apropiado a elegir.

Las mujeres que conozco no eligieron criar solas.

Cuando te enamoras no haces un mapa de desarrollo, no anotas punto por punto lo que sucederá en cada etapa de esa relación. Puedes hacerlo, pero en mi experiencia el amor es algo que sabe mejor cuando sucede y no cuando lo planeas. Te enamoras y ya. Te enamoras de una forma tal que en ocasiones no ves más allá de tus narices, aquellas imperfecciones que ese divino ser traía consigo. Imperfecciones que todos tenemos y las cuales es mejor ni ver "for the sake of human race".

Un día, de la nada, sucede lo inesperado; algo para lo cual nadie está verdaderamente preparado. Las razones poco importan cuando esa otra persona termina la relación, recoge sus cosas y se va.

Luego de profundamente lavar el alma, procedes a lavar las sábanas quitándoles así su aroma, en un intento de deshacerte de lo que él queda. Limpias sus fotos del Instagram y avisas a los amigos cercanos. Todo lo necesario para intentar olvidar y vivir el duelo provocado por la pérdida de ese amor.

But wait… un llanto hace que vuelvas de repente a la realidad.

Un "mamá tengo hambre" te hace recordar que si bien es cierto que esa persona ya no está, no es menos cierto que atrás quedó tu nueva realidad: la de criar a una personita que nació de ese amor que una vez existió.

Te despolvas el coraje y justamente eso haces: entregarte por completo a criar, pues pensar en ti constituye, ante la sociedad, un acto vil de crueldad y egoísmo extremo.

Mujeres quienes con su plomo y tesón se forran el caparazón de amor y paciencia, buscando sacar a sus crías a flote contra viento y marea.

Un bebé en el vientre

Bendita culebrilla extraña,
 que recorre tus entrañas,
  llenando tu vida de asombro y felicidad.
Bendita su capacidad
 de hacernos por momentos olvidar
  cualquier tipo de tristeza
 brindándonos mil razones
para bailar en su espera,
 dándole colores a nuestros días,
  alegrándonos la vida
permitiéndonos con fuerzas
 afrentar cualquier adversidad.
Bendita su forma de llenar
 nuestras vidas de esperanza y alegría
  con cada una de sus patadas,
alegrarnos la vida,
 limpiarnos el alma
  y aplacar las penas.
Bendita culebrilla extraña,
 increíble sensación,
  que nos invade el alma,
 llenando nuestras vidas
de amor y esperanza.

Ser madre

Ser madre no es más que dividir el corazón y entregarle un pedazo a cada uno de tus hijos; velar por sus sueños desde el momento en que los ves nacer. Es revisar cada dos segundos si aún están respirando.

Ser madre es sufrir cada caída y cada golpe provocado por el intento de aprender a caminar. Llorar sin que nadie te vea cuando por primera vez dejas a tu pequeño en una guardería. Es armar dibujos extraños en pedazos de cartulinas cuando el reloj marca la media noche, pues te aterra la idea de que los demás no te consideren una buena mamá.

Ser madre es curar fiebres, hacer sopas "levanta muertos", curar guayones a base de besos y el típico "descuida que eso no es nada", ser una farmacia ambulante, aprender a retirar sueros, a diagnosticar a tus hijos por el teléfono, sin ser médico. Es pelear con el pediatra, quien en su condición de profesional ve que todo está bien, pero tú que lo pariste sabes que algo anda mal y no descansas hasta encontrar lo que es.

Ser madre es dejar el alma cuando pestañeas y te das cuenta de que ya casi se van a la universidad. Desvelarte hablándoles del sexo seguro, de "cuidarse", es no lograr descansar hasta que no los sientes llegar.

Ser madre es pedirle a Dios todas las noches que te los cuide. Es estar presente cuando meten la pata e intentar asegurarles que todo estará bien.

Ser madre es entregarle el corazón en pedazos, mientras aún late, a otro ser humano quien con el tiempo puede llegar a pensar y a decirte que lo dejes de fastidiar. Es querer cargar con toda su carga, desde depresiones hasta mal de amores, secar sus lágrimas y tragarte las tuyas, todo con la única intención de verlos brillar.

Silencio

Todos,
silenciosamente esperan,
a que te salga de las venas
el ser súper mamá.

33

Algo más que mamá

Soy algo más que mamá.

Soy una mujer que vive, vibra, ríe y sueña.
        Una mujer que con inmensa ilusión
llevó 9 meses en su vientre, el fruto de una noche loca de pasión,
sellando desde ese modo una vida llena de amor.

Soy algo más que mamá.

Soy una mujer que, cuando en los brazos adecuados se encuentra,
vibra de placer y se derrite,
        soltando gemidos,
de esos que sólo se logran tras un buen orgasmo,
de esos que sólo se sienten tras puertas cerradas, en la oscuridad que
arropa a dos amantes llenos de éxtasis.

Soy algo más que mamá.

Soy una mujer deseosa de ser amada,
        de quitarse la ropa de ama de casa y disfrutar plenamente su
sexualidad.

La que decide cuántos amantes tendrá, pues eso no la hace ni ramera
ni santa.

Soy algo más que mamá.

Soy una mujer con un inmenso deseo entre los huesos,
        quien busca ser plenamente amada,
fuera del tan famoso título de ser mamá.

Coquí

¿Sabrá
alguien
cuál
es
la
calidad
del
coquí
con
el
que
aquella
mujer
logró
pegar
lo
que
quedó
de
su
alma?

¿Será que puedo agendar tiempo para llorar?

¿Cómo llora una mujer a solas cuando tiene una criatura en brazos a quien cuidar?

¿Cómo llora una mujer a solas cuando el mundo espera que sea fuerte, con la espalda erguida y sin tenerle el más mínimo miedo a la vida?

¿Cómo llora una mujer a solas cuando se supone que ella siempre este contenta, alegremente brillando, aun cuando por dentro se esté destrozando?

¿Cómo llora una mujer a solas cuando no duerme del miedo por un futuro incierto?

¿Cómo llora una mujer a solas cuando debe estar "feliz" pues es que acaba de parir?

¿Cómo llora una mujer a solas cuando ni para bañarse hay tiempo entre la casa, los quehaceres y la nueva bendición?

¿Cómo llora una mujer a solas tras despertar una mañana de abril y darse cuenta de que se ha quedado solita, que la criatura formada entre dos pasó a ser sólo su responsabilidad, pues la otra parte entendió que así era mejor para él, recogió sus cosas y se fue?

¿Cómo llora una mujer sola cuando debe secarse las lágrimas para que nadie la vea débil, herida y destrozada?, pues eso no encaja en el perfil de madre perfecta, en el de mujer maravilla o toda poderosa, pues al final es de débiles llorar.

*Es difícil estar echa mierda y verdaderamente no saber
por dónde empezar a sanar.*

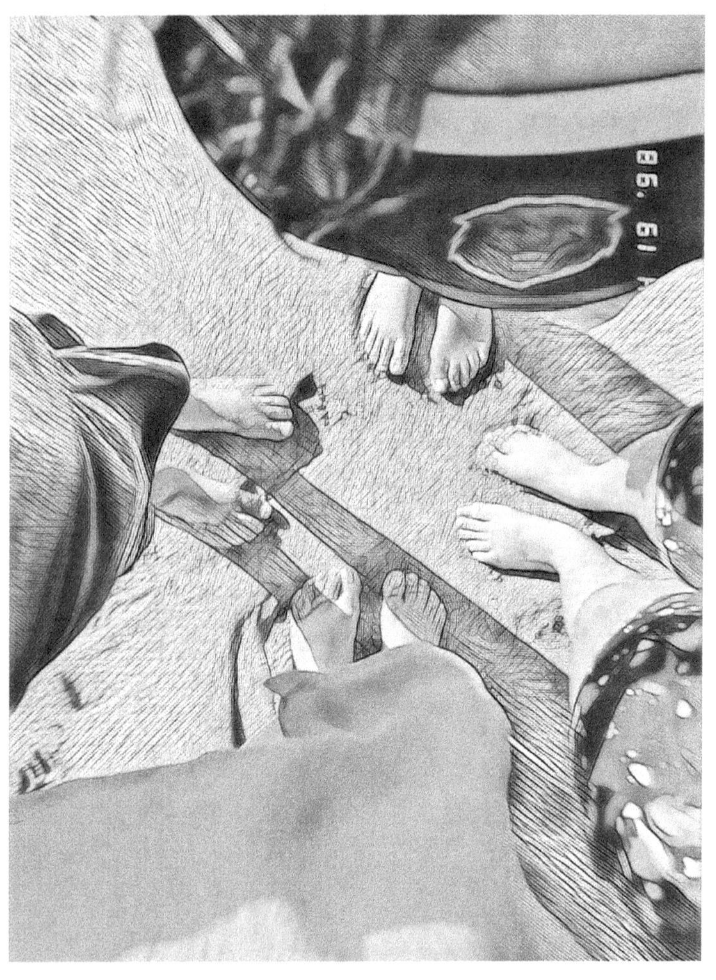

'06. 61

Tiempo para llorar 2.0

Una mujer llora a solas,
en silencio.
Llora cuando nadie la ve.
Llora cuando el rocío cae y las estrellas coquetas salen a pasear.

Una mujer se desvanece cuando las luces se apagan.
Llora en la penumbra de la noche, mientras todo el mundo duerme.

A escondidas,
despacito,
en silencio.

Llora con las puertas cerradas de su habitación,
para que así no existan testigos,
para que nadie se entere de su derrumbe temporal.

Una mujer llora a solas mucho antes de que sus hijos despierten.
Llora con la intención de disimular su llanto.
Una mujer llora a solas mucho antes de que salga el ocaso.

— "Mami, ¿Qué te pasa? ¿Por qué lloras?
— "Nada mi amor, mami llora de felicidad."

Para empezar a criar un enano

Hace falta un montón de gente:
El tío Luis, el vecino y la vieja de la esquina.
La mamá de Julián y doña Sofia la que rifa el san.
La vecina bochinchera, la tía Karen,
la partera,
la curandera y la profe jamona.
el té limón de Doña Ana
La pediatra Larisa y el cirujano Alberto.
Daniela, la del cabaret de Yesenia,
el camionero que se chulea a la hija de Manuela,
Carmela;
el viejo que camina, con el palo espanta perros y le da 20 vueltas
al parque.
Juanita la peluquera,
Doña Sonia la repostera,
Carlos el del colmado
El abuelo preocupado.
Orlando el motoconchista y Fredi el taxista,
Sor la de Bellas Artes y Eugenia su directora,
a Osiris, a Samy y a Albert.
La abuela que manda cajas,
y por supuesto la tía Ada;
Las enfermeras de la Jacobo quienes, cuando nos veían llegar, de
forma
automática sabían en cual habitación nos iba a acomodar.

Para empezar a criar un enano hace falta un montón de gente.

Abismos

Cuando uno ama y lo rompen
  se forman corazas,
     se construyen paredes,
       muros y murallas,
         se crean abismos entre los corazones;
      se dejan crecer ríos y mares,
     océanos que te dividen del resto del mundo,
  de todo aquel que en algún momento se le ocurra, pretenda o sueñe
quererte enamorar.

Si de elegir se trata

Quiero que entiendas que yo no elegí ser mamá soltera. No, yo no me desperté un día medio aburrida de la vida y elegí firmar este compromiso de vida.

No, yo no elegí criar sola. No elegí despertar día tras día sin saber que decirle a mi hijo cuando entre gritos y llantos pregunte por su papá.

Quiero que entiendas que yo no elegí, por soberbia, tener que tragar en seco mientras estabilizo mis sentimientos para ver si explico sin llantos porque aun viviendo tan cerca nunca visita papá.

No, yo no elegí criar sola. No elegí trabajar todo el día, para luego llegar a casa y buscar no desplomarme cuando ellos me reclaman su necesidad de sentirse amados; mientras yo, por otro lado, intento no desmayar. Cuidarlos y cuidarme pues seamos honestos, si yo "caigo" ¿quién me vendrá a ayudar?

No, yo no elegí criar sola.Yo no elegí enfrentar sola la factura de la luz y del gas, no elegí desvelarme por tantas cosas que pagar, sin tener a quien preguntarle "¿de dónde iremos a sacar?"

Yo no elegí hacerlo sola, solo elegí no echarme hacia atrás.

Heroína

La única forma de describir a una mamá soltera,
una mujer luchadora, fuerte y "rebusera"
que se entrega día a día buscando para sus pequeños
la forma más segura de completar sus sueños.

Una tremenda mujer
que no le tiene miedo al trabajo
ejerciéndolo con tesón
pues aun cuando estando agotada
de sí siempre intenta dar lo mejor.

Desconoce el significado de la palabra no
cuando del bienestar de un hijo se trata,
se gana la vida así sea vendiendo latas
con tal de que jamás les falte nada.

La única forma de describir a una mamá soltera,
Es describir a una mujer heroína
quien enfrenta todos los días la vida
poniéndole una sonrisa a cada adversidad.

Preguntas

— ¿Qué ha sido lo más difícil de criar sola?

— Enfrentar la triste realidad de que un porcentaje de personas a tu alrededor se sienta y esperar verte fallar. Escuchar a los espectadores expresar su preocupación, pues conforme a ellos, tus hijos crecerán con deficiencias, con malos hábitos y costumbres por criarlos tú soltera.

Digerir con altura las palabras: si su padre estuviera presente ambos estarían mejor. Peor aún, que te digan de frente que la identidad sexual de tus hijos se verá afectada por criarse en una casa donde falta "el varón". Pero lo peor de todo, es ver desde las gradas mujeres quedarse con parejas maltratantes sólo con el fin de evitar ser tildadas de Madres Solteras.

Es hermosa la peculiaridad que tienen las madres de seguir adelante con sus vidas aun cuando le han roto el corazón en dos.

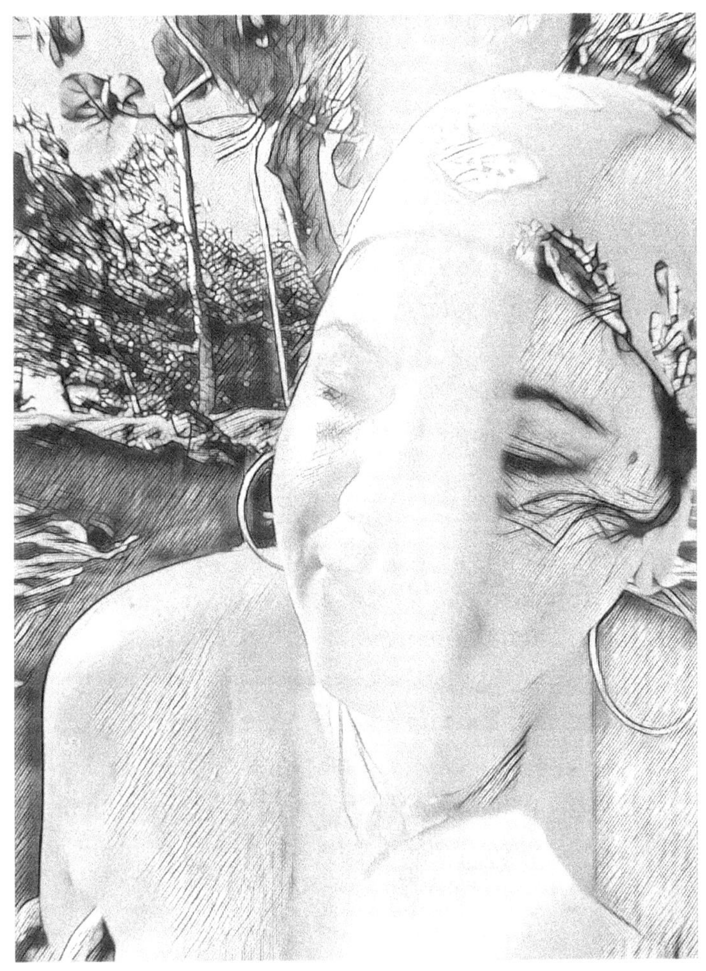

Madres solteras

No, no todas las madres solteras son mujeres amargadas. No todas son demonios quienes se sientan, con vino en mano, a hablarle mal a sus hijos de sus papás.

No, no todas las madres solteras son mujeres que se dedican a irse a la cama con cualquiera, cosa que a nadie le importa pues al final de cuentas su cuerpo es suyo y de nadie más.

No, no todas las madres solteras son mujeres fracasadas por haber elegido la difícil tarea criar sin marido. Por mi parte ninguna de las mujeres que conozco eligió criar sola. Algunas terminaron con pajeras abusivas y alejarse del papá de sus criaturas fue el camino correcto que les trajo la vida.
Mujeres abusadas, física y emocionalmente maltratadas, quienes conscientemente decidieron irse por la vía más difícil: criar sin apoyo; topándose en el trayecto con la triste realidad: si no están con sus parejas, pierden sus hijos a su papá.

Las tildan de "hombres" cuando no las ven por los contenes suplicando amor, cuando sacan de abajo y tras mucho llorar, dejan que su corazón endurezca y un carácter fuerte aflore. Se enfrentan a cientos de humillaciones, multiplicadas por la cantidad de hijos sin padre presente que tienen.

Muchos las juzgan y así mismo esperan, con palomitas en mano, a que fallen pues que más se puede esperar de una mujer que no aguantó sandeces y está criando sola a un muchacho.

Pero nadie habla de las virtudes que tiene una madre soltera.

Una mujer incansable, que no sabe de miedo ni dolor. Una mujer fajadora, vendedora de jarrones, dulce, batata y flores; una mujer profesional secretaria, contable y diputada; una mujer escritora.

Mujeres como estas tenemos todos a nuestro alrededor. Es nuestro deber honrarlas.

No se trata de victimizar ni muchos sentir pena por mujeres virtuosas sólo por estar criado sin pareja. No se trata de minimizar tampoco aquellas mujeres que decidieron criar con sus parejas.

Se trata de visibilizar la decisión de cada una, respetarla y darle a ambas valor en sus diferentes espacios. Pues al final de cuentas, una mujer que cría, sola o acompañada, sigue siendo una heroína.

Índice

Gracias a mi madre, la madre soltera con más valor que conozco. A mis tías quienes han sido verdaderos pilares en mi vida.

Gracias a mis hijos, los responsables de que hoy día sea mamá.

Gracias a las grandes mujeres que han formado parte de mi vida: amigas, vecinas, conocidas y extrañas, quienes sin saberlo me han forjado y me dan dado vida y aliento para siempre seguir.

Gracias a los hombres de mi vida.

Gracias a todos los que de una forma u otra me han ayudado a hacer realidad este libro, en especial a Tonny por aguantarme.

Y sobre todo gracias a ti que me lees, por acompañarme hasta aquí.

Aidé Montilla Reyes mejor conocida como Bonooq es una poeta, escritora y mentora de escritores nacida en Santo Domingo, República Dominicana en el 1981. Inspirada en el diario vivir, en las vivencias que se desarrollan cada día a nuestro alrededor, empezó a escribir poemas e historias en el 1998. Su primer cuento "The Big Belly Guy" lo escribió cuando tenía 16 años. Su primer poemario "Un invierno sin ti" un libro bilingüe publicado en el 2021.

Aidé ha revisado y editado cuentos y novelas tales como "El olor de la sangre-1968 the year of freedom"– novela 1er tomo, "El olor de la sangre-Cayo Confites"– Novela 2ndo tomo; ha estado a cargo de la traducción de "Pescando nuestros sueños" libro infantil de fabulas; así como la publicación digital de todos los libros anteriormente mencionados y de los "Los compadres y otros cuentos" y "El planeta de los besos" novela.

En la actualidad es co-fundadora y editora de Cotoy Fondo Editorial. Como mentora imparte talleres en español para la Asociación de escritores dominicanos "Dominican Writers".

Es madre de 3 enanos, ya no tan enanos y una gata. Madre soltera de tiempo completo y desde hace muchos años, se inspiró en muchas de sus propias experiencias para este libro.

Esta primera edición de
"Madres Solteras, poemas e historias
sobre el estigma de criar sin pareja"
de la autoría de Aidé Montilla Reyes,
consta de 1,000 ejemplares y se terminó de imprimir
en el mes de abril del año 2023
en Santo Domingo, República Dominicana.